BEI GRIN MACHT SIC
WISSEN BEZAHLT

- Wir veröffentlichen Ihre Hausarbeit, Bachelor- und Masterarbeit

- Ihr eigenes eBook und Buch - weltweit in allen wichtigen Shops

- Verdienen Sie an jedem Verkauf

Jetzt bei www.GRIN.com hochladen und kostenlos publizieren

Bibliografische Information der Deutschen Nationalbibliothek:

Die Deutsche Bibliothek verzeichnet diese Publikation in der Deutschen Nationalbibliografie; detaillierte bibliografische Daten sind im Internet über http://dnb.d-nb.de/ abrufbar.

Dieses Werk sowie alle darin enthaltenen einzelnen Beiträge und Abbildungen sind urheberrechtlich geschützt. Jede Verwertung, die nicht ausdrücklich vom Urheberrechtsschutz zugelassen ist, bedarf der vorherigen Zustimmung des Verlages. Das gilt insbesondere für Vervielfältigungen, Bearbeitungen, Übersetzungen, Mikroverfilmungen, Auswertungen durch Datenbanken und für die Einspeicherung und Verarbeitung in elektronische Systeme. Alle Rechte, auch die des auszugsweisen Nachdrucks, der fotomechanischen Wiedergabe (einschließlich Mikrokopie) sowie der Auswertung durch Datenbanken oder ähnliche Einrichtungen, vorbehalten.

Impressum:

Copyright © 2015 GRIN Verlag, Open Publishing GmbH
Druck und Bindung: Books on Demand GmbH, Norderstedt Germany
ISBN: 978-3-668-15731-6

Dieses Buch bei GRIN:

http://www.grin.com/de/e-book/315771/der-kleine-prinz-von-saint-exupery-als-maerchen-gemeinsame-motive-mit

Kay-Christina Möller

"Der kleine Prinz" von Saint-Exupéry als Märchen?
Gemeinsame Motive mit "Das Wasser des Lebens" und
Parallelen zu "Hans im Glück"

GRIN Verlag

GRIN - Your knowledge has value

Der GRIN Verlag publiziert seit 1998 wissenschaftliche Arbeiten von Studenten, Hochschullehrern und anderen Akademikern als eBook und gedrucktes Buch. Die Verlagswebsite www.grin.com ist die ideale Plattform zur Veröffentlichung von Hausarbeiten, Abschlussarbeiten, wissenschaftlichen Aufsätzen, Dissertationen und Fachbüchern.

Besuchen Sie uns im Internet:

http://www.grin.com/

http://www.facebook.com/grincom

http://www.twitter.com/grin_com

Abstract

The present paper (SRP) deals with fairy tales in general and the journey of the prince in "The Petit Prince" and the prince in the fairy tale "Das Wasser des Lebens" in particular. In this connection the presentation of the Water is especially considered. The two fairy tales are analysed and compared by means of selected properties. This approach clarifies that "Le Petit Prince" is a modern fairy tale. Many common properties or symbols which are typical for fairy tales can be found. The journey of the protagonists and the Water which has a positive connotation in both fairy tales is of central importance. Moreover, the statistics about the number of sold copies and translations all over the world shows that "Le Petit Prince" can be seen as a timeless work.

Inhaltsverzeichnis

1. Einleitung 1

2. Märchen 1
    2.1 Volksmärchen 2
    2.2 Kunstmärchen 2
    2.3 Typische Märchenmotive 3
    2.4 Die Funktion von Märchen 4

3. Das Motiv der Wanderschaft 5
    3.1 Die Reise des kleinen Prinzen 6
    3.2 Die Reise der Prinzen im Märchen „Das Wasser des Lebens" 8
    3.3 Vergleich der Reisen 9

4. Das Motiv des Wassers 10
    4.1 Die Rolle des Wassers in „Le Petit Prince" 11
    4.2 Die Rolle des Wassers im Märchen „Das Wasser des Lebens" .. 12
    4.3 Vergleich der Darstellung des Wassers 12

5. Parallelen zu „Le Petit Prince" im Märchen „Hans im Glück" 13

6. „Le Petit Prince" als typisches Märchen 14
    6.1 Der Erfolg des Kleinen Prinzen 16

7. Konklusion 17

8. Literaturverzeichnis 19

1. Einleitung

„Ein Märchen ist eine Geschichte, in der das Wunderbare selbstverständlich ist". Dieses Zitat von der Erzählforscherin Dr. Barbara Gobrecht, ist eine sehr schöne Beschreibung der Erzählform Märchen. Das Märchen, das seinen literarischen Höhepunkt in der Romantike fand, lebt heute zwar weiter, es ist jedoch nur noch ein Angebot unter vielen im Bereich der Kinder- und Jugendliteratur.

Im Rahmen dieser Arbeit stelle ich das Volks- und das Kunstmärchen genauer vor, indem ich beide definiere und die für sie typischen Merkmale. Außerdem arbeite ich Bedeutung und Funktion von Märchen für Kinder anhand der Theorie des österreichischen Kinderpsychologen Bruno Bettelheim heraus. Im Hauptteil stelle ich das berühmte Werk „Le Petit Prince" des französischen Autors Antoine De Saint-Exupéry und das Märchen „Das Wasser des Lebens" der Gebrüder Grimm vor, interpretiere sie anhand ausgewählter Motive und stelle sie einander gegenüber. Die Motive Wanderschaft und Wasser treten ebenfalls bei dem Märchen „Hans im Glück" der Gebrüder Grimm auf. Diese Parallelen zu „Le Petit Prince" beschreibe ich unter Punkt 5. „Parallelen zu „Le Petit Prince" im Märchen „Hans im Glück". Des Weiteren diskutiere ich inwieweit „Le Petit Prince" als typisches Märchen angesehen werden kann. Um dies zu verdeutlichen, führe ich die in den Märchen auftretenden typischen Märchenmerkmale und -symboliken auf.

2. Märchen

Der Begriff „Märchen" bezeichnet eine phantastische Erzählung, die weder an einen Ort, noch an eine Zeit gebunden ist. Es ist entweder eine von Mund zu Mund oder von Volk zu Volk wandernde Erzählung (Volksmärchen) oder die Dichtung eines Verfassers (Kunstmärchen).

Bereits vor vielen Jahrhunderten benutzten die Menschen Geschichten, Märchen und Mythen um mit deren Hilfe die Welt zu erklären. Das Märchen zählt daher zu einer bedeutsamen und sehr alten Textgattung. Das Märchen, das vom mittelhochdeutschen Wort „maere"[1] abstammt, fand als „Nachricht" oder „Gerücht" seine Anwendung und bezeichnet ursprünglich eine kurze Erzählung.[2] Anfangs wurden Märchen auf erfundene und unwahre Geschichten angewendet. Erst im 18. Jahrhundert kam es zu einer Gegenbewegung, als unter französischem Einfluss Feenmärchen und Geschichten aus „Tausendundeiner Nacht"

---

[1] http://wortwuchs.net/maer/
[2] https://de.wikipedia.org/wiki/Märchen

auf immer größer werdendes Interesse stießen.[3] Trotz dessen haben Märchen bis heute zum Teil einen negativen Ruf. Ein Beispiel dafür ist die Redensart „Erzähl mir keine Märchen" oder der Begriff „Lügenmärchen".[4]

2.1 Volksmärchen

Märchen folgen oft einem festen Erzählschema, z.B muss der Held Mutproben bestehen und die Prinzessin aus den Fängen des Bösen befreit und erlösen. Auch die Figurenwelt ist sehr typisiert – der Prinz ist tapfer, die Fee ist gut, der Zauberer ist böse, die Prinzessin ist schön und am Ende triumphiert meistens der Dummling. Bestimmte Grundsituationen kehren in den Märchen in unterschiedlichen Auslegungen immer wieder. Im Märchen sind die Rollen von Gut und Böse klar festgelegt. Die Handlung zielt immer auf den Sieg des Guten und die Bestrafung des Bösen ab. Es passieren fantastische Dinge, Tiere und Gegenstände können sprechen („Der gestiefelte Kater", „Frau Holle") und es kommt zu Verzauberungen und Verwünschungen („Der Froschkönig", „Aschenputtel"). Märchen wurden vor allem in den bäuerlichen Volksschichten überliefert und hauptsächlich den Erwachsenen erzählt.[5] Johann Karl August Mausäus veröffentlichte 1782 bis 1786 die Märchensammlung „Volksmärchen der Deutschen" und von 1812 bis 1815 schufen die Gebrüder Grimm ihre Sammlung „Kinder- und Hausmärchen". In den nächsten Jahren folgten weitere Sammlungen wie z.B. Goethes „Märchen" von 1795. Vor allem die fantastische Darstellungsweise wurde von den Romantikern übernommen und somit wurden die Kunstmärchen geschaffen.[6]

2.2 Kunstmärchen

Kunstmärchen sind von einem namentlich bekannten Autor niedergeschrieben. Das Kunstmärchen bildet keine eigenständige Gattung, da es auf die Merkmale des Volksmärchens zurückgreift. Sie sind im Gegensatz zum Volksmärchen nach künstlerischem Maßstab verfasst, stärker konstruiert, oft psychologisch/philosophisch ausgerichtet[7] und nicht an traditionelle Erzähltypen und -motive gebunden. Die Wahl der Handlungselemente unterliegt allein der Phantasie des Autors. Die Sprache wird weitaus künstlerischer als zuvor und die Handlung ist oft mehrsträngig. Benannte Märchendichter des 19. Jahrhundert sind

---

[3] http://www.maerchenlexikon.de/texte/archiv/panzer01.htm
[4] Märchen: Versuch einer Annäherung auf pädagogischer Ebene Hausarbeit, 2008, 15 Seiten
[5] http://www.uni-protokolle.de/Lexikon/Volksm%E4rchen.html
[6] Erenz, Benedikt et al.: Die Brüder Grimm. 200 Jahre Grimmsche Märchen - Ein deutscher Welterfolg und seine Autoren, in: ZEIT Geschichte (2013),
[7] http://www.maerchenatlas.de/kunstmarchen/kunstmarchen/

Theodor Storm in Deutschland, H.C. Andersen in Dänemark und Oscar Wilde in England.[8] Das Kunstmärchen wäre also ohne das Volksmärchen nicht entstanden. Daher werde ich nun einige Motive des Volksmärchens nennen, die auch im Kunstmärchen Verwendung finden. Die besonderen Merkmale des Kunstmärchens sollen anschließend kurz herausgestellt und an Beispielen belegt werden.

2.3 Typische Märchenmotive

Obwohl jedes Volk und jede Epoche ihre Eigenarten haben, hat sich über die Zeit hinweg der Idealtyp des Volksmärchens herausgebildet. Es ist durch einen bestimmten Personal- und Handlungsverlauf sowieso durch eine bestimmte Darstellungsart gekennzeichnet.

Schwierigkeiten und ihre Bewältigung sind das allgemeinste Schema, das dem Volksmärchen zugrunde liegt. Zu diesem Schema gehört, dass ganz deutlich zwischen Gut und Böse unterschieden wird, wobei die Guten belohnt und die Bösen bestraft werden. Die Ausgangssituation ist durch Mangel, Not, ein Bedürfnis oder eine Aufgabe die es zu lösen gilt gekennzeichnet. Im Handlungsverlauf wird die Bewältigung dieser Ausgangssituation gezeigt.

Der Held oder die Heldin sind die Hauptpersonen, sie sind der menschlich Welt zugehörig. An die Seite des Helden treten oft Helferwesen.

Die meisten Personen bleiben aber namenlos. Sie sind einfach Königin, Prinzessin, Bruder, etc. Auch diese Figuren teilen sich in gut und böse, schön und hässlich.

Auch die einer Uber- oder Unterwelt angehörigen Figuren wie Z.B Zwerge, Hexen, Teufel oder auch Fabeltiere wie der Drache treten häufig auf.

Ein anderes auffälliges Merkmal sind Anfang und Ende von Märchen, so fangen etwa ein drittel der Märchen aus der Sammlung „Kinde und Hausmärchen" der Brüder Grimm mit der Wendung „Es war einmal" an und enden mit „Und wenn sie nicht gestorben sind, leben sie noch heute" oder „sie lebten glücklich und zufrieden". Wobei das Ende meist ein glückliches ist.

Häufig ist der Held/Dummling, der jüngste Sohn des Vaters, auf Wanderschaft, nachdem seine anderen Brüder vor ihm, aus Hochmut versagt haben. Bevor er jedoch an sein Ziel gelangt, muss er tapfer sein und Prüfungen bestehen die ihm am Ende zum Glück, oft in Form von Liebe, führen.

---

[8] https://www.lernhelfer.de/schuelerlexikon/deutsch-abitur/artikel/maerchen

Auch Zahlen spielen in Märchen eine bedeutende Rolle. Besonders die Drei kommt sehr häufig vor, der Held hat drei Aufgaben, er ist der dritte Sohn und somit einer von drei Brüdern, er durchläuft auf seiner Reise zum Ziel drei Etappen oder er bekommt drei Wagen voller Gold. Auch die Sieben kommt häufig vor, wobei sie oft einen Wartezustand kennzeichnet. Sieben Jahre hat z.B Hans im Glück seinem Herrn gedient bevor er zu seiner Mutter zurückkehrt.

Tiere können oft mit Menschen sprechen und unbekehrt. Sie können mit ihren Kräften den Helden unterstützen. Sie erweisen sich oft als sehr hilfsbereit. Es kommt jedoch auch vor, dass sich Menschen in Tiere verwandeln.

2.4 Die Funktion von Märchen

„Kinder brauchen Märchen" ist ein von Bruno Bettelheim geschriebenes pädagogisch-kinderpsychologisches Werk das 1977 erstmals in deutscher Übersetzung erschienen ist. In seinem Bestseller erforschte der jüdische Pädagoge und ehemalige KZ-Häftling warum Märchen für Kinder so wichtig sind.

Zur Zeit der Erscheinung des Buches waren „Märchen in Verdacht geraten […], als Instrumente bürgerlicher Repression Heranwachsenden falsche Vorstellung und Einstellungen zu vermitteln."[9]. Mit dem vermitteln von falschen Vorstellungen und Einstellungen waren vor allem Gewaltdarstellungen gemeint. Aus gesellschaftlicher Sicht hieß es, Märchen würden Gewalt dulden und aus Pädagogischer Sicht hieß es, das diese dargestellte Gewalt sogar „Aggressionen und Ängste bei Kindern hervorrufen [könne]"[10]

Bruno Bettelheim ist jedoch der Ansicht, dass Grausamkeit in Märchen äußerst sinnvoll und wichtig für die kindliche Entwicklung seien. Er behauptet, Kinder bräuchten Gerechtigkeit und die Bestrafung der Bösen, da es ihnen ein Gefühl der Beruhigung und Freude gibt, wenn sie am Ende des Märchens bemerken, dass der Held seine Ängste überwunden und den Feind/das Böse besiegt hat.[11] Anhand eines Beispiels aus dem Märchen „Hänsel und Gretel" wird dies verdeutlicht, „[wenn] unsere Furcht, gefressen zu werden, die greifbare Gestalt einer Hexe annimmt, können wir uns von ihr befreien, indem wir die Hexe im Backofen verbrennen!"[12] Märchen sind also besonders gut geeignet um Kinder lernen zu lassen mit ihren Ängsten umzugehen.

---
[9]Vom Orde, Heike. Bruno Bettelheim: Kinder brauchen Märchen, in. Televizion (2012), S. 8
[10]a. a. O, S. 8
[11]Bettelheim, Bruno: Kinder brauchen Märchen, Deutscher Taschenbuchverlag GmbH & Co. KG, München (2006) S. 140
[12]Vom Orde, Heike. Bruno Bettelheim: Kinder brauchen Märchen, in. Televizion (2012), S. 9

Außerdem ist Bettelheim der Auffassung, dass Märchen zum „Verständnis des kindlichen Seelenlebens beitragen können." Bettelheim meint, das Märchen "wichtige Botschaften auf bewusster, vorbewusster und unterbewusster Ebene entsprechend ihrer jeweiligen Entwicklungsstufe [vermitteln]."[13]

Auch [dem] Vorwurf, dass Märchen unwahr seien, setzt Bettelheim entgegen[..]"[14]. Er sagt, dass die Wahrheit des Märchens „die Wahrheit unserer Fantasie [ist], [und] nicht die der normalen Kausalität"[15]

Bettelheim stellt die These auf, „dass Märchengeschichten dem Kind die Möglichkeit geben, innere Konflikte, die es in den Phasen seiner seelischen und geistigen Entwicklung erlebt, zu erfassen und in der Fantasie auszuleben und zu lösen."[16] Märchen geben den Kindern die Möglichkeit sich mit Problemen auseinanderzusetzen und sie bieten Kindern "Erleichterung in der Phantasie"[17]. Außerdem machen Märchen es möglich "konstruktiv an [...] Schwierigkeiten heranzugehen, für die es sonst keine Losung gäbe."[18]

Außerdem schreibt Bruno Bettelheim in seinem Werk, dass Märchen "Erkenntnis des Lebens von innen her [bringen]".[19]

Laut Bruno Bettelheims Theorie, sind Märchen daher sehr wichtig für Kinder, da sie die Seelische und geistige Entwickeln fördern.

3. Das Motiv der Wanderschaft

Ein beliebtes Thema, das auch in den Grimm'schen Märchen häufig aufgegriffenen wurde, ist die Wanderschaft. In der klassischen Form des Märchens geht der Held auf eine Reise. Er zeiht aus, um sein Glück zu suchen. Der Weg, den der Held beschreitet symbolisiert seinen Lebensweg mit den Herausforderungen und Chancen.[20] Reisen bringen neue Eindrücke und damit Veränderung in das Leben. Reisen sind nicht nur teuer, sondern auch gefährlich und

---

[13]Bettelheim, Bruno: Kinder brauchen Märchen, Deutscher Taschenbuchverlag GmbH & Co. KG, München (2006) S. 12
[14]Vom Orde, Heike. Bruno Bettelheim: Kinder brauchen Märchen, in. Televizion (2012) , S. 8
[15]a.a.O, S. 8
[16]a.a.O, S. 8
[17]Bettelheim, Bruno: Kinder brauchen Märchen, Deutscher Taschenbuchverlag GmbH & Co. KG, München (2006) S. 278
[18]a.a.O, S. 225
[19]Vom Orde, Heike. Bruno Bettelheim: Kinder brauchen Märchen, in. Televizion (2012) , S. 8
[20]Kieser, Günter: Wörterbuch der Märchen Symbolik. 1.600 Stichwörter mit 13.000 Verweisstellen. Param Verlag, Ahlerstedt, Zweite Auflage (2014) S. 140

manchmal muss jemand auf eine Reise gehen, für die er noch gar nicht bereit ist. Doch auch diese gefährlichen Reisen gehen stets gut aus.[21]

3.1 Die Reise des kleinen Prinzen

Die mit eigenen Illustrationen versehende Erzählung „Le Petit Prince" von Antoine de Saint-Exupéry erschien das erste mal 1943 in New York.[22] Die Geschichte wird von einem Piloten erzählt, der nach einer Flugzeugpanne in der Wüste der Sahara dem, vom Himmel gefallenen kleinen Prinzen begegnet. Der kleine Prinz berichtet dem Piloten von seiner bisherigen Reise zu den 6 verschiedenen Planeten auf denen er Menschen mit negativen Verhaltensweisen und Charaktereigenschaften begegnet ist. Menschen, die sich ausschließlich mit sich selbst beschäftigen, den Blick für das wesentliche verloren haben, sich nur an Äußerlichkeiten halten, immer Erklärungen brauchen, Eitel, Stolz und Materialistisch sind.

Der Ich-Erzähler, war immer allein „jusqu'à une panne dans le désert du Sahara, il y a six ans."[23] Da keine Passagiere im Flugzeug waren, „[il se] prépara à essayer de réussir, tout seule, une réparation difficile."[24] Am nächsten Morgen weckte ihn „une drôle de petite voix".[25] Das kleine Männchen forderte ihn dazu auf ihm „un mouton" zu zeichnen. Es stellt sich heraus, dass das kleine Männchen vom "astéroïde B 612 » kommt, wo es « une rose » hat welche «est bien compliquée... »[26] « Il commença » die Planeten, die um seinen herum liegen, zu besuchen. « Le premier était habité par un roi[,...] »[27] , « [la] seconde [...] était habitée par un vaniteux [...] »[28] , « [la troisième] était habitée par un buveur[...]", "La quatrième [...] était [habitée par un] businessman [...]", "La cinquième planète était [habitée par un allumeur de réverbères][...]" und "[la] sixième planète était habité [par un géographe]". Der siebte Planet "fut donc la Terre."[29] Hier trifft er nicht nur den Piloten, sondern auch «un serpent » und « un renard ». Der kleine Prinz beschreibt die Schlange als « une drôle de bête [...], mince comme un doigt. » Die Schlange behauptet, dass jeder, den sie « touche » auf den Planeten zurückkehrt « dont il est sorti. » Mit dem Fuchs freundet er sich langsam an und bevor sie

---

[21]https://de.wikipedia.org/wiki/Wandermotiv
[22]https://de.wikipedia.org/wiki/Der_kleine_Prinz
[23]De Saint-Exupéry, Antoine: Le Petit Prince. HG. v. Ernst Kemmner. Philipp Reclam jun. GmbH & Co. KG, Stuttgart (2015) S. 11
[24]a.a.O, S. 11
[25]a.a.O, S. 11
[26]a.a.O, S. 40
[27]a.a.O, S. 46
[28]a.a.O, S. 53
[29]a.a.O, S. 72

sich verabschieden, gibt er ihm noch eine Weisheit mit auf den Weg : «[l'essentiel] est invisible pour les yeux ».[30]. Durch die Begegnung mit dem Fuchs hat der kleinen Prinzen die Erfahrung gewonnen, die Einzigartigkeit seiner Rose zu erkennen. Wie es in Märchen üblich ist wird die Erkenntnis die der „Held", in diesem Falle der kleine Prinz, erfährt, durch ein Fabelwesen vermittelt. Saint-Exupéry hat die für den Fuchs als typisch gesehenen Eigenschaften nicht verändert, der Fuchs begegnet dem Helden als Freund, ist aufrecht und vor allem hilfsbereit.[31] Da die Wasservorräte des Piloten mittlerweile aufgebraucht sind und „qarce qu'on va mourir de soif..."[32] machen sich die beiden auf die Suche nach „un puits".[33] Nachdem der Pilot und der kleine Prinz gemeinsam eine Wasserquelle gefunden haben erfrischen sie sich an ihr. „Lorsque [il] revin[t] de [son] travail, le lendemain soir, il aperçu[t] de loin [son] petit prince assis là-haut, les jambes pendantes"[34] und mit der Schlange redete. Nachdem die Schlange schließlich verschwunden war, verstand der Pilot langsam was sich zugetragen hatte. „Moi aussi, aujourd'hui, je rentre chez moi"[35] sagte der kleine Prinz und der Pilot verstand. Beide wurden traurig, der kleine Prinz ist jedoch tapfer und denkt über die Situation hinaus, während der Pilot sich Sorgen macht und den kleinen Prinzen nicht verlieren will: „Je me sentis glacé par le sentiment de l'irréparable."[36] Am nächsten Tag nimmt der Pilot den kleinen Prinz «par la main» und begleitet ihn auf seinem Weg zur Schlange. Schweren Herzens verlässt der kleine Prinz seinen Freund den Piloten, aus Verantwortung gegenüber seiner Rose. Die Liebe zu seiner Rose, die „être belle[...][37] und „tellement orgurilleuse"[38] ist, gibt ihm die nötige Kraft sich von der Schlange beißen zu lassen. Er tritt nun seine Heimreise an nachdem alles gesagt ist, „Voilà ... C'est tout ..."[39] und „Ca ne fit même pas de bruit, à cause du sable"[40]. Da der Pilot die Reparatur an seinem Fliegen erfolgreich durchgeführt hat, macht auch er sich auf den Weg zurück in die Heimat. Im darauffolgenden Kapitel erfährt der Leser, dass der Pilot zwar heil zu hause ankommt, „[l]es camarades, qui m'ont revu ont été bien contents de me revoir vivant"[41], aber auch traurig. Ein wenig Trost allerdings, konnte er

---

[30] a.a.O, S. 90
[31] Kieser, Günter: Wörterbuch der Märchen Symbolik. 1.600 Stichwörter mit 13.000 Verweisstellen. Param Verlag, Ahlerstedt, Zweite Auflage (2014) S. 57
[32] De Saint-Exupéry, Antoine: Le Petit Prince. HG. v. Ernst Kemmner. Philipp Reclam jun. GmbH & Co. KG, Stuttgart (2015) S. 94
[33] a.a.O, S. 94
[34] a.a O, S. 102
[35] a.a.O, S. 105
[36] a.a.O, S. 105
[37] a.a.O, S. 38
[38] a.a.O, S.44
[39] a.a.O, S.109
[40] a.a.O, S. 101
[41] a.a.O, S. 111

finden, da er den Körper des kleinen Prinzen am Tag nach dem Abschied nicht finden konnte. Woraus er schließt, dass „[il] est revenu à sa planète."

3.2 Die Reise der Prinzen im Märchen „Das Wasser des Lebens"

„Das Wasser des Lebens" ist Märchen Nr. 97 in der Märchensammlung „Kinder- und Hausmärchen" (KHM) der Gebrüder Grimm. Jakob und Wilhelm Grimm dokumentierten ab 1806 alle ihnen zugänglichen Märchen und schufen daraus die 1812-1815 gedruckten „Grimmschen Kinder- und Hausmärchen".[42] Die Grimmsche Fassung des Märchens „Das Wasser des Lebens" ist aus „einer hessischen und einer unvollkommeneren paderbörnischen Quelle"[43] zusammengefügt.

Wie es in Märchen so üblich ist, müssen der Dummling und vor ihm seine beiden Brüder, Proben bestehen um Erlösung zu finden. Der in der Geschwisterreihe dominierende, älteste Sohn des kranken Königs bricht also als erster auf um seinem Vater „Das Wasser des Lebens" bringen, das einzige Mittel, dass es noch vermag diesen zu Retten. Nach ihm macht sich der zeit älteste Sohn auf den Weg. Beide scheitern da sie vorwiegend das Gold im Sinn haben. Als letzter bricht nun der jüngste Sohn auf und wie so oft in Märchen, kann er erreichen was vor ihm noch keiner geschafft hat.

Auf ihrem Weg treffen die beiden ältesten Brüder zunächst auf einen Zwerg. Wie es für Märchen typisch ist, tritt der Zwerg auch in diesem Märchen als helfende Figur auf, die demjenigen mit magischen Kräften hilft, der ihr offen und ehrlich begegnet. Da sie beiden ältesten Söhne aber aus Stolz und Hochmut handeln, ist der Zwerg keineswegs dazu bereit ihnen zu helfen und verwünscht sie sogar. Als jedoch der Dummling an ihm vorbei kommt und „ihm Rede und Antwort [steht][44] ist der Zwerg bereit ihm zu helfen, indem er ihm den Weg zum „Wasser des Lebens" verrät. Außerdem gibt ihm der Zwerg die nötigen Utensilien mit auf dem Weg.

Nach dem die beiden ältesten weitergeritten waren geraten sie in eine Bergschlucht aus der es keinen Ausgang gibt. Der Dummling hingegen erreicht nach kurzer Zeit das verwunschene Schloss in dem der Brunnen steht, aus dem das Wasser des Lebens quillt. Alles geschieht genau so, wie es ihm der Zwerg prophezeit hatte. Nachdem er mit der eisernen Rute das Tor geöffnet hat, wirft er den zwei dort, und das Tor bewachenden" liegenden Löwen je ein Laib

---

[42] https://de.wikipedia.org/wiki/Grimms_Märchen
[43] https://de.wikipedia.org/wiki/Das_Wasser_des_Lebens
[44] Jürgensmeier, Günter. Grimms Märchen. Vollständig illustrierte Ausgabe. 6. Auflage, Sauerländer (2012) S. 293

Brot in den Rachen und tritt an ihnen vorbei. Er gelangt „in einen großen schönen Saal" aus dem er ein Schwert und ein Brot entnimmt. In dem nächsten Zimmer „[steht] eine schöne Jungfrau, die freut sich, als sie ihn [sieht,]"[45] da er ihr Erlöser sei". „Wenn er in einem Jahr wiederkäme, so sollte ihre Hochzeit gefeiert werden."[46] Erfreut setzt er seinen Weg fort und gelangt in ein Zimmer in dem ein Bett steht. Er ruht sich zunächst etwas aus. Als er schließlich bemerkt, dass ihm nur noch eine dreiviertel stunde bleibt ehe das Tor für immer zufällt, eilt er zum Brunnen aus dem er das heilige Wasser des Lebens schöpft.

Auf seinem Weg zurück zum Schloss des Vaters bittet er den Zwerg um die Erlösung seiner beiden Brüder und hilft 3 Königen ihr Land, das von Hunger und Krieg befallen ist, zu erlösen. Seine zwei ältesten Brüder jedoch, sind noch immer voller Hochmut und ihrem jüngeren Bruder keines Wegs dankbar. In ihrer Wut vertauschten sie das Wasser aus dem Brunnen gegen Meereswasser. Da der König nach ihrer Rückkehr und dem trinken des Meereswasser noch kränker wurde, beschuldigte er zunächst den Dummling und schickt seinen Jäger ihn zu erschießen. Der Jäger jedoch vermag es nicht dies durchzuführen, da er, wie es in Märchen üblich ist, auch hier als rettende Vaterfigur auftritt. Der jüngste geht weiter in den Wald hinein und in seiner Abwesenheit merkt sein Vater, dass er unschuldig ist.

Nach verlauf des Jahres und dem erneuten scheitern seiner zwei älteren Brüder am verwunschenen Schloss der Prinzessin, macht er sich in Gedanken an sie auf den Weg dorthin. Bevor die Prinzessin ihren Helden als rechten Gemalt erkennt, muss dieser sich beweisen und sich gegen Konkurrenten durchsetzen. Da er als einziger über die von der Prinzessinnen erbauten goldenen Straße reitet, wird er „[von der] Königstochter [empfangen]."[47] Der jüngste Sohn wird nun also zurecht belohnt, erhält das Reich der Prinzessin und sie selbst zur Gemahlin. Außerdem erfährt er von ihr, dass sein Vater ihn um Verzeihung bitten möchte, „Da ritt er hin und sagte ihm alles, wie seine Brüder ihn betrogen und er doch dazu geschwiegen hätte. Der alte König wollte sie strafen, aber sie hatten sich aufs Meer gesetzt und waren fortgeschifft und kamen ihr Lebtag nicht wieder."[48]

3.3 Vergleich der Reisen

Die Protagonisten beider Märchen brechen aus ihrer Heimat auf. Die Brüder aus dem Märchen „Das Wasser des Lebens" um ihren Vater zu retten und der kleine Prinz um die

---
[45] a.a. O. S. 294
[46] a. a. O. S, 294
[47] a. a. O. S, 295
[48] a. a. O. S, 295

benachbarten Planeten zu besuchen. Die Motive für die Reise sind daher sehr unterschiedlich. Den ältesten Brüdern geht es um Materielle Bereicherung und dem kleinen Prinzen um geistige Bereicherung. Das Reisemotiv des jüngsten Bruders ist dem Reisemotiv des kleinen Prinzen am ähnlichsten, da es dem jüngsten Bruder nicht um materiellen Reichtum geht, so wie den beiden ältesten, sondern um seinen geliebten Vater zu retten. Der kleine Prinz macht seine Reise um seinen Horizont zu erweitern, er ist neugierig auf andere Planeten.

Der jüngste Bruder lässt seinen Vater zurück und der kleine Prinz seine Rose, beides sind geliebte Wesen.

Auf der Reise treten in „Das Wasser des Lebens" und „Le Petit Prince" helfende Wesen auf. Im Märchen der Gebrüder Grimm, hilft ein Zwerg dem jüngsten Bruder sein Ziel zu erreichen. In „Le Petit Prince" helfen der Fuchs, die Schlange und der Pilot dem Prinzen sein Ziel zu erreichen. Beide Protagonisten sind naiv und gutherzig, sie vertrauen all denen denen sie begegnen und sind stehst freundlich, offen und ehrlich.

Sowohl der kleine Prinz als auch der Prinz durchlaufen einen inneren Wachstumsprozess auf dem Weg zu ihrem individuellen Glück.

4. Das Motiv des Wassers

Das Motiv des Wassers in Märchen ist sehr vielschichtig. Es gibt Wasserquellen in form von Brunnen, Bächen, Flüssen, Seen oder Meeren. Wasser kann für Leben, für Wiedergeburt oder für den Tod stehen. Es reflektiert das Seelenleben des Menschen. Es erfüllt demnach viele Funktionen.[49] Wasser ist Ursprung des Lebens, ihm wird nicht selten die Eigenschaft des Heilens zugesprochen. Es wird zwischen innerer und äußerer Anwendung von Wasser unterschieden. (Taufwasser wird äußerlich Angewendet, während das Wasser des Lebens innerlich angewendet wird.) Wasser steht außerdem für das unbewusste. Es kommt entweder im Sinne von Gewässer vor oder im Zusammenhang mit Quelle oder Brunnen. Das große Wasser z.B gilt als Synonym für Ozean oder Meer, es spendet Leben und nimmt es auch wieder. Jenseits dieses Meeres liegt die Anderswelt, die in Ober- und Unterwelt geteilt ist. Der Brunnen wiederum, dessen Wasserspiegel „den magischen Spiegel"[50] darstellt, ist

---

[49] Kieser, Günter: Wörterbuch der Märchen Symbolik. 1.600 Stichwörter mit 13.000 Verweisstellen. Param Verlag, Ahlerstedt, Zweite Auflage (2014) S. 204
[50] a. a. O, S. 30

das Tor zum reich der Seele und Ort des Übergangs.[51] Er gilt als Quelle des Lebens. Das Wasser des Lebens ist ein besonderes, Magisches Wasser, welches die Kraft besitzt kranke und bereits Tote Menschen zu heilen.[52] Der Brunnen steht oft am vorläufigen Endpunkt einer Wanderung.

4.1 Die Rolle des Wassers in „Le Petit Prince"

Der Brunnen in „Le Petit Prince" symbolisiert die Lebensquelle. „Nous en étions au huitième jour de [sa] panne dans le désert, [...] en buvant la dernière goutte de ma provision d'eau[.]"[53] Der Pilot sagt zu dem kleinen Prinzen, dass „[il] n'ai plus rien à boire"[54] und , dass es ihn glücklich machen würde, wenn „[il] [pouvait] marcher tout doucement vers une fontaine!"[55] Das Wasser ist auch hier Lebenswichtig, denn wenn man nicht trinkt „qu'on va morir de soif..."[56].„J'ai soif aussi ... cherchons un puits ... „[57], obwohl es Sinnlos erscheint machen sich die beiden schließlich auf den Weg einen Brunnen zu suchen. „[...], marchant ainsi, je découvris le puits au lever du jour."[58] Der Brunnen den sie gefunden haben der „ne ressemblait pas aux puits sahariens[,]"[59] denn es handelt sich um einen „puits de village."[60] Aus dem Brunnen schöpfen sie das besondere Wasser, mit dem sie sich stärken. Der Pilot beschreibt das Wasser „comme une fête[,]"[61] und fügt hinzu, dass „cette eau était bien autre chose qu'un aliment."[62] Das Wasser sei dem „marche sous les étoiles"[63] entsprungen. Außerdem wird das Wasser als „bonne pour le coeur"[64] und „comme un cadeau"[65] beschrieben. Der „soif" des kleinen Prinzen symbolisiert das Verlangen, endlich auf seinen Planeten zurückzukehren. Den Piloten erinnert das Wasser an die Weihnachtsfeiern seiner Kindheit und den kleinen Prinzen an seine Rose. Das trinken bewahrt sie vor dem Tod und es belebt und erneuert ihre Kräfte. »L'eau peut aussi être bonne pour le cœur... «[66] Nach dem

---

[51] https://de.wikipedia.org/wiki/Brunnen_als_Motiv
[52] a. a. O, S. 205
[53] De Saint-Exupéry, Antoine: Le Petit Prince. HG. v. Ernst Kemmner. Philipp Reclam jun. GmbH & Co. KG, Stuttgart (2015) S. 94
[54] a. a. O, S. 94
[55] a. a. O, S. 94
[56] a. a. O, S. 94
[57] a. a. O, S. 94
[58] a. a. O, S. 96
[59] a. a. O, S. 97
[60] a. a. O, S. 97
[61] a. a. O, S. 98
[62] a. a. O, S. 98
[63] a. a. O, S. 98
[64] a. a. O, S. 98
[65] a. a. O, S. 98
[66] a. a. O, S. 95

Trunk schöpfte der kleine Prinz wieder Atem und seine Sorgen vergehen. « Le sable, au lever du jour, est couleur de miel. J'étais heureux aussi de cette couleur de miel. Pourquoi fallait-il que j'eusse de la peine... »[67]

4.2 Die Rolle des Wassers im Märchen „Das Wasser des Lebens"

Wie so oft im Märchen muss auch im Märchen „Das Wasser des Lebens" der dritte Sohn mehrere Prüfungen bestehen, nachdem seine zwei Brüder gescheitert sind. Er soll, wie im Titel schon formuliert, Lebenswasser für seinen schwer kranken Vater, den König, beschaffen. Hier wird aufgezeigt, dass der Brunnen, in dem sich das Wasser befindet für das Symbol des Lebens steht. Der Brunnen als Objekt, dessen Wasser es vermag Leben aufrecht zu erhalten vermag es also auch Krankheit zu heilen.

Bevor der Königssohn das Wasser findet, das „aus einem Brunnen in dem Hofe eines verwünschten Schlosses [quillt]"[68], erhält er ein Schwert, welches ganze Heere schlagen kann und ein Brot, das unendlich Hunger zu stillen vermag. Jedoch fällt auch er dem Neid seiner undankbaren Brüder zum Opfer, welche das Wasser des Lebens heimlich gegen Meereswasser austauschen, wodurch der Vater noch kränker wird. Doch wie es im Märchen so üblich ist, erhält der Dummling auch hier am Ende seinen gerechten Lohn und die Prinzessin, der das verwunschene Schloss gehört, welches er erlöst hatte, zur Frau. So ist der Brunnen hier Anlass zur Erlösung und zur Heilung. Er steht für ewiges Leben und Glück. Denn nur durch die Suche nach dem Lebenswasser das im Brunnen fließt, kommt der Königssohn zu seinem vollendeten Glück. Auch der König wird durch das Wasser des Lebens nicht nur körperlich geheilt, sondern, durch Einsicht, auch seelisch.

4.3 Vergleich der Darstellung des Wassers

In beiden Märchen befindet sich das Wasser in einem Brunnen und wir innerlich angewendet. Während das Wasser im Märchen „Das Wasser des Lebens" eine Heilkraft besitzt, vermag das Wasser in „Le Petit Prince" auch Leben zu retten und, durch das Körpergefühl das nach dem Genuss des Wassers einritt, Glücksgefühle hervorzurufen. In beiden Märchen strahl das Wasser eine gewisse Magie durch seine erneuernde Wirkung aus. Das Wasser ist in beiden Märchen Lebenswichtig und schwer zu finden. Der Prinz aus „Das Wasser des Lebens" benötigt die Hilfe eines helfenden Wesens (Zwerg) um die Quelle zu finden. Der kleine Prinz

---

[67] a. a. O, S. 100
[68] Jürgensmeier, Günter. Grimms Märchen. Vollständig illustrierte Ausgabe. 6. Audlage, Sauerländer (2012) S. 293

und der Pilot finden die Quelle durch eigenständiges suchen und umherlaufen in der Wüste. Hier ist das Wasser nur für den Piloten Lebensnotwendig, der kleine Prinz schläft auf der Suche nach dem Brunnen sogar ein. Beide empfinden das Wasser dennoch als Geschenk.

Beide Protagonisten schlafen bevor sie die Quelle erreichen. Wobei der kleine Prinz im Gegensatz zu dem Prinzen in „Das Wasser des Lebens" keine Zeitnot hat. Da der kleine Prinz während seines Nickerchens vom Piloten getragen wird, ist es ihm sogar möglich, sich seinem Ziel schlafend zu nähern.

5. Parallelen zu „Le Petit Prince" im Märchen „Hans im Glück"

So wie die beiden Protagonisten des Werkes Der kleine Prinz, durchläuft auch Hans aus „Hans im Glück" (KHM 83) einen inneren Wachstumsprozess während seiner Reise in die Heimat zurück zu seiner Mutter. Auf seinem Weg begegnen ihm Personen, die ihm ihre Variante des Glücks vorstellen und Hans zum tausch bewegen. Dabei lässt sich ein Vergleich zu den einzelnen Planetenbewohnern ziehen, die der Prinz nacheinander besucht. Der Kleine Prinz reist über sechs Planeten schließlich zur Erde. Ähnlich wie Hans, der nach sieben Arbeitsjahren aufbricht um zu seiner Mutter zurückzukehren. Beide führt die siebte Station zurück zu ihrer Heimat.

Auch der kleine Prinz befindet sich auf der Suche nach Glück und bekommt von den Bewohnern der Planeten unterschiedliche Lebensmodelle vorgestellt. Im Gegensatz zu Hans, nimmt er diese nicht unüberlegt auf.

Die Protagonisten beider Märchen wissen nicht was Glück bedeutet, lernen es aber auf ihrem Weg kennen. Sie sind beide kindliche, unbeschwerte Wesen. Sie haben keinerlei Ängste im Umgang mit fremden Personen oder Situationen.

Hans erkennt im Laufe seiner Wanderschaft, dass das Glück im Leben nicht von materiellen Gütern abhängt. Er lernt es, nicht an materiellen Gütern festzuhalten, sondern die Heimat und seine Mutter als das einzig Wichtige zu erkennen. Der kleine Prinz hat ebenfalls als einzigen Wunsch, in seine Heimat, den kleinen Planeten, zurückzukehren, und sich um seine Rose zu kümmern. Seine Sorgen konnte er bei seiner Reise ablegen und erkennen, was Glück bedeutet. Das Wesentliche ist für ihn nun klargeworden.

Der zweite Protagonist, der Flieger, dem er in der Wüste begegnet, befindet sich ebenfalls auf einer Reise. Auch er scheint sein Glück nicht gefunden und für sich definiert zu haben. Der kleine Prinz öffnet ihm die Augen und zeigt ihm, dass er mit seinen kindlichen Gedanken und Ansichten nicht allein ist.

Beide Märchen gehen von einer Situation des Mangels aus, der am Ende der Geschichten jeweils beseitigt wird. Dabei behilflich werden Begegnungen, die den Protagonisten auf ihrer Suche nach dem Glück zur Seite stehen.

Der Protagonist befindet sich auf einer Reise/Wanderschaft, die die Suche nach Glück beinhaltet. Auf Zwischenstationen kommt es zu Begegnungen mit anderen Charakteren/ Typen, Dialoge kommen zustande und am Ende ist das Glück, das in der Heimat liegt, gefunden. Der Protagonist tritt, frei von Last, die Heimkehr an.

Zwischen Aufbruch und Ankunft sind es eine Menge Menschen, die Hans dabei helfen seinen Reichtum zu verlieren: Aus dem Gold wird durch Tausch ein Pferd, daraus eine Kuh, dann ein Schwein, eine Gans, ein Schleifstein, der beim kühlen Trunk auch noch in einen Brunnen fällt. Hans ist erleichtert und macht sich auf zu seiner Mutter. Auch der Kleine Prinz gelangt auf seiner Reise an einen Brunnen. Es zeigt sich, dass der Brunnen selbst ein Symbol des Glücks ist. Er steht hier am vorläufigem Endpunkt der Wanderung. Indem die Steine in der Tiefe versinken, finden die vorangegangenen Tauschgeschäfte ihr Ende. Hans, wird damit nicht nur von der äußeren Last, der Last der Steine, befreit, sondern auch von einer inneren Last. Er fühlt sich darin bestätigt, dass er zum glücklichsten Menschen gemacht wurde. Mit leichtem herzen und frei von aller Last macht er sich auf den Weg zu seiner Mutter.

6. „Le Petit Prince" als typisches Märchen

Die im Werk „Der kleine Prinz" behandelte Thematik ist realitätsnah, die geltenden Naturgesetzen jedoch nicht, da es ein bewohnbares Weltall gibt und die Reise mit Vögeln möglich ist. Außerdem haben Tiere und Pflanzen einen Unterhaltenden Charakter und treten als Helfer auf.

Fantastische Elemente wie Magie und Wunder sind sowohl beim Volks- als auch beim Kunstmärchen vorhanden. Das Volksmärchen behandelt märchentypische, eindimensionale und das Kunstmärchen realistische, mehrdimensionale Figuren.[69] Da die Figuren in „Le Petit Prince" mehrdimensional sind, ähnelt es mehr einem Kunstmärchen.

Auch in der Geschichte des kleinen Prinzen kommt es zum Einsatz von mehr oder weniger realistischer Figuren. Die genannten Tiere und Pflanzen treten in der Realität auf, besitzen

---

[69] http://www.sofatutor.com/deutsch/videos/merkmale-von-volks-und-kunstmaerchen

allerdings die Fähigkeit sprechen zu können. Alle anderen Figuren sind menschlicher Natur und verfügen nicht über Zauberkräfte oder Ähnliches. Die Reale Welt geht in die Zauberwelt über.

Die auftretenden Personen bleiben, wie auch im Volksmärchen, namenlos. Der kleine Prinz erhält seinen Namen lediglich durch den Ich-Erzähler, welcher wiederum mit seiner Berufsbezeichnung betitelt wird. Die Bewohner der einzelnen Planeten werden durch ihre Eigenschaften benannt.[70]

Der kleinen Prinzen bereist insgesamt sieben Planeten. Die Zahl Sieben ist ein für Märchen typisches und oft verwendetes Symbol. Die Sieben ist eine heilige zahl, sie symbolisiert die Vollständigkeit[71] und lässt sich auch in der Schöpfungsgeschichte wieder finden.

Der Pilot berichtet zu beginn von seiner Kindheit und bringt auch Erlebnisse in die Erzählung mit ein. Außerdem vertritt er seinen Standpunkt deutlich gegenüber dem Leser, indem er das geschehen kommentiert. Im Allgemeinen sind die Verwendung eines Ich-Erzählers und die direkte Kommunikation mit dem Leser im Märchen untypisch.

Genaue Zeit- und Ortsangaben werden nicht genannt, mit Ausnahme des Asteroiden B 612 und der Sahara.

Das Grundmotiv der Handlung ist, wie es für Märchen typisch ist, die Suche nach Glück und der eigenen Identität dar, die meist am ende einer Reise erlangt werden. In typischen Volksmärchen wird die Handlung des Protagonisten häufig durch eine Frau beeinflusst. Eine Stellvertreterfunktion für diese, nimmt hier die Rose des kleinen Prinzen ein.[72]

Die Helden stellen komplizierte Charaktere dar, dessen Handlungen durch Identitätszweifel gezeichnet sind. Diese Individualität lässt sich, im Kunstmärchen wiederfinden. Hier kommt es nicht selten zum Treffen mit dem eigenen Doppelgänger. Dies könnte auch auf die Begegnung des Piloten mit dem kleinen Prinzen zutreffen.

Auch andere Charaktere, wie zum Beispiel die Schlange und der Fuchs, treten auf und scheinen nicht eindeutig auf eine Eigenschaft festgelegt zu sein. Die Schlange und der Fuchs besitzen beide die Fähigkeit dem kleinen Prinzen den Blick für das wesentliche zu schärfen.[73]

---

[70] Freud-Spork, Walburga: Königs Erläuterungen und Materialien. Antoine de Saint-Exupéry, Der kleine Prinz (Le Petit Prince) 1. Auflage, C. Bange Verlag, Hollfeld (2013)
[71] Kieser, Günter: Wörterbuch der Märchen Symbolik. 1.600 Stichwörter mit 13.000 Verweisstellen. Param Verlag, Ahlerstedt, Zweite Auflage (2014) S.163
[72] Kieser, Günter: Wörterbuch der Märchen Symbolik. 1.600 Stichwörter mit 13.000 Verweisstellen. Param Verlag, Ahlerstedt, Zweite Auflage (2014) S. 175
[73] a. a. O, S.182

Der Fuchs zeigt dem Prinzen die man Freunde gewinnt und Freundschaft bewahrt. Die Schlange bringt den Tod, die dem kleinen Prinzen die Rückkehr zu seiner Rose ermöglicht.[74]

Das ende bleibt offen, der Leser erfährt nicht welches Schicksal den kleinen Mann erwartet. Es handelt sich folglich um ein offenes Ende. Das Ziel der Reise, das Erlangen individuellem Glücks und Erkenntnis, wurde jedoch erreicht. Er hat erkannt, was für ihn das Wichtigste ist, nämlich seine Rose. Ob er diese wieder sehen wird, bleibt offen, was wichtiger ist, ist, dass er nun um ihre Einzigartigkeit weiß.[75]

Der Erzähler hat die Erkenntnis erlangt, dass er mit seinem Blick auf die Dinge, der sich von dem Blick der Erwachsenen gänzlich unterscheidet, nicht alleine ist. Er findet sein Kindes-ich im kleinen Prinzen wieder.

Wie es für Märchen üblich ist, kann der Leser eine Lehre aus dem Märchen ziehen, nämlich das das wahre Glück ein individuelles ist. Eine solche Moral kommt auch in Volksmärchen oft vor, wie z.B in dem Märchen Hans im Glück.[76]

6.1 Der Erfolg des Kleinen Prinzen

„Der kleine Prinz" [gehört] zu den berühmtesten Büchern des 20. Jahrhunderts, wurde in 180 sprachen übersetzt und hat sich bis jetzt 100 Millionen mal verkauft." fasste Tobias Schlegl in der letzte Aspekte Ausgabe dieses Jahres zusammen. Laut Cécile Chantal-Raffier, die in der Ausgabe des Magazins „Ecoute" vom September 2009 zitiert wird, wurde „Le Petit Prince" 80 Millionen mal Weltweit verkauft und in 160 verschiedene Dialekte und Sprachen übersetzt. Die stetig steigenden Verkaufszahlen und steigenden Buchübersetzungen verdeutlichen die Zeitlosigkeit des Werks.

Nicht nur in Frankreich wurde das Buch von Saint-Exupéry millionenfach verkauft. Der Kleine Prinz ist heute in allen Kultursprachen, auf allen Kontinenten Präsent. Aber auch in kleinen Regionen in denen bestimmte nicht weit verbreitete Dialekte gesprochen werden. Man kann die Geschichte des Kleinen Prinzen sogar auf Latein und altgriechisch lesen.

Die große Popularität kann unteranderem mit dem zunehmenden Geschmack an Tatsachenberichten seiner Zeit erklärt werden. Die tagebuchartigen Aufzeichnungen der

---

[74]Freud-Spork, Walburga: Königs Erläuterungen und Materialien. Antoine de Saint-Exupéry, Der kleine Prinz (Le Petit Prince) 1. Auflage, C. Bange Verlag, Hollfeld (2013), S. 60f
[75]Keser, Günter: Wörterbuch der Märchen Symbolik. 1.600 Stichwörter mit 13.000 Verweisstellen. Param Verlag, Ahlerstedt, Zweite Auflage (2014) S.44
[76]Keser, Günter: Wörterbuch der Märchen Symbolik. 1.600 Stichwörter mit 13.000 Verweisstellen. Param Verlag, Ahlerstedt, Zweite Auflage (2014) S. 118f

erlebten Abenteuer, die Offenbarung von Gefühlen, der kleine Prinzen als Kultfigur, die Sprache und die Botschaft, haben zur Erfolgsgeschichte des Werkes beigetragen.

Das Werk ist zudem ein ideales Buch um andere Sprachen zu lernen, und dient so auch in vielen Schulen der Welt als Schullektüre.

Der kleine Prinz ist nach der Bibel und dem Koran das meist übersetzte Buch der Welt. Es gibt das Werk in unterschiedlichsten Interpretationen, als Fortsetzung, als Pop-Up Buch, als Hörspiel und Hörbuch, als Film und Musical, als Theater, als Oper, als Ballett und es gibt sogar ein Museum in Japan.

Die Philosophische Betrachtungen der Welt und des Lebens haben das Buch auch für ältere Leser interessant gemacht.

Die Suche nach dem Glück ist ein zeitloses Element der Literatur.

Ich selbst habe die deutsche Übersetzung von „Le Petit Prince" mit sechs Jahren bekommen und es im laufe der Jahre immer wieder mit Begeisterung gelesen und gehört. Insbesondere hat es mir dabei geholfen Spanisch und Französisch zu lernen. Auch mein 76-jähriger Opa, der das Buch schon in jüngeren Jahren gelesen hat, liest es heute noch gerne.

7. Konklusion

Das Wasser als typisches Märchenmerkmal ist in allen drei behandelten Märchen von Zentraler Bedeutung, die jedoch für jeden Protagonisten unterschiedlich ist. Im Märchen „Le Petit Prince" dient das Wasser der Erquickung. Der Pilot und der kleine Prinz verbinden das Wasser mit einem wunderschönen Geschenk.

Dem Prinzen aus dem Märchen „Das Wasser des Lebens" ist es möglich mit Hilfe des Wassers, seinem Vater, den König, das Leben zu retten. Das Wasser steht hier sowohl für Leben als auch für Glück, da der Protagonist durch das finden des Wassers zu vollendetem Glück gelangt.

Das Wasser im Märchen „Hans im Glück" nimmt Hans alle Last, sowohl äußerlich (Schleifsteine) als auch innerlich (Gedanken). Das Wasser dient ebenfalls der Erquickung und ist Symbol des Glücks.

In allen drei Märchen ist die Quelle des Wassers ein Brunnen. Das Wasser wird innerlich angewendet und hat magische Kräfte. Die Vielschichtigkeit dieses Motivs wird unter anderem dadurch bestätigt, dass es im Märchen „Le Petit Prince" der Erneuerung, im Märchen „Das

Wasser des Lebens" der Heilung und im Märchen „Hans im Glück" der Erleichterung dient.

Anhand des Merkmals Wasser und anderen Märchen typischen Merkmalen (Reise, helfende Wesen, Zahlen, Elemente der Magie, Person und Tiere, Namenlosigkeit und offenes Ende) lässt den Schluss zu, dass „Le Petit Price" ein modernes Kunstmärchen ist.

8. Literaturverzeichnis

Dieses Studienrichtungsprojekt beruht auf folgenden Quellen

Primärliteratur:

Saint-Exupéry, Antoine De
Le Petit Prince. HG. v. Ernst Kemmner.
Philipp Reclam jun. GmbH & Co. KG, Stuttgart (2015)

Jürgensmeier, Günter
Grimms Märchen.
Vollständig illustrierte Ausgabe. 6. Auflage, Sauerländer (2012) S. 292f

Jürgensmeier, Günter
Grimms Märchen.
Vollständig illustrierte Ausgabe. 6. Auflage, Sauerländer (2012) S. 250f

Sekundärliteratur:

Bücher

Apel, Friedmar
Die Zaubergärten der Phantasie: zur Theorie und Geschichte des Kunstmärchens, Bd. 13
Heidelberg: Carl Winter Universitätsverlag, 1978.

Bettelheim, Bruno
Kinder brauchen Märchen
Deutscher Taschenbuchverlag GmbH & Co. KG, München (2006)

Dickmann, Axel
Grimms Märchen von A-Z. Klenes Lexikon der Märchenmotive
BoD – Books on Demand (2014)

Freud-Spork, Walburga
Königs Erläuterungen und Materialien. Antoine de Saint-Exupéry, Der kleine Prinz (Le Petit Prince)
1. Auflage, C. Bange Verlag, Hollfeld (2002), (2013)

Kieser, Günter
Wörterbuch der Märchen Symbolik. 1.600 Stichwörter mit 13.000 Verweisstellen.
Param Verlag, Ahlerstedt, Zweite Auflage (2014)

Klotz, Volker
Das europäische Kunstmärchen: 25 Kapitel seiner Geschichte von der Renaissance bis zur Moderne.
Metzlersche J.B. Verlagsbuchhandlung, Stuttgart (1985)

Rittekmeyer, Christian
Was sollen Kinder lesen. Kriterien, Beispiele, Empfehlungen
W. Kohlhammer GmbH Stuttgart (2009)

Schede, Hans-Georg
Die Brüder Grimm
Deutscher Taschenbuch Verlag GmbH und Co. Kg, München (2004)

Thiele Johannes
Alles über den Kleinen Prinzen und wie er seinen Weg zu den Herzen der Menschen fand.
Auflage, Karl Rauch Verlag, Düsseldorf (2010)

Wührl, Paul W.
Das deutsche Kunstmärchen. Geschichte, Botschaft und Erzählstruktur
Schneider Verlag Hohengehren GmbH (2003)

Zielen, Viktor
Hans im Glück. Lebenslust statt Lebenslast. Weisheiten im Märchen.
1. Auflage. Kreuz-Verlag, Zürich (1987

Zeitschriften

Erenz, Benedikt et al.: Die Brüder Grimm. 200 Jahre Grimmsche Märchen - Ein deutscher Welterfolg und seine Autoren, in: ZEIT Geschichte (2013),

Artikel

Vom Orde, Heike. Bruno Bettelheim: Kinder brauchen Märchen, in. Televizion (2012)

Internetquellen

Wikipedia:
https://de.wikipedia.org/wiki/Märchen
https://de.wikipedia.org/wiki/Brunnen_als_Motiv
https://de.wikipedia.org/wiki/Das_Wasser_des_Lebens
https://de.wikipedia.org/wiki/Grimms_Märchen
https://de.wikipedia.org/wiki/Der_kleine_Prinz
https://de.wikipedia.org/wiki/Das_Wasser_des_Lebens
https://de.wikipedia.org/wiki/Grimms_Märchen
https://de.wikipedia.org/wiki/Der_kleine_Prinz
https://de.wikipedia.org/wiki/Wandermotiv

Andere:
http://www.maerchenatlas.de/kunstmarchen/kunstmarchen/
https://www.lernhelfer.de/schuelerlexikon/deutsch-abitur/artikel/maerchen
http://www.uni-protokolle.de/Lexikon/Volksm%E4rchen.html
http://www.maerchenlexikon.de/texte/archiv/panzer01.htm

BEI GRIN MACHT SICH IHR WISSEN BEZAHLT

- Wir veröffentlichen Ihre Hausarbeit, Bachelor- und Masterarbeit
- Ihr eigenes eBook und Buch - weltweit in allen wichtigen Shops
- Verdienen Sie an jedem Verkauf

Jetzt bei www.GRIN.com hochladen und kostenlos publizieren